팔만대장경

누구나 다 알지만
잘 안읽은 이야기

10

누구나 다 알지만
잘 안읽은 이야기

팔만대장경

말씀한 이: 부처님
엮은이: 신현득
그림그린이: 송교성

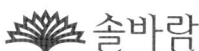
솔바람

차례

책머리에
팔만대장경은 이야기의 산이지요 6

1 악마도 지옥을 두려워한다

악마도 지옥을 두려워한다 _10

야차를 가르치심 _12

약이 아닌 풀은 없어 _14

약자의 마지막 수단 _16

어린 사미의 법문에 깨달은 대왕님 _20

어린이 사랑은 부처님 말씀에서 _22

예쁘게 말린 부처님 머리털 _24

옹고집 구두쇠, 노지장자 _26

2 이런 세상이 와서는 안 돼요

외도들의 불만 _30

의사의 왕 지바카의 활동 _34

이런 세상이 와서는 안 돼요 _36

죽음은 면할 수 없어 _38

지옥왕에게 줄 뇌물 모우기 _40

팔자나쁜사람이라는 이름 _44

해와 달을 만지신 부처님 _48

화를 내면 복이 줄든다 _50

3   장애인도 이름난 장수가 될 수 있다

참는 것이 가장 유쾌하다 _54

부처님 제자에게 피를 내게 한 죄값 _56

장애인도 이름난 장수가 될 수 있다 _58

무예는 사람을 죽이는 것일 뿐 _62

부처님의 백호상_66

신통력을 잃은 데바닷다 _68

팔만대장경, 천 년의 지혜가 담긴 나무 책 71

팔만대장경 퀴즈 75

출판사 대표의 인사말 78

책머리에
팔만대장경은 이야기의 산이지요

　국보 32호 팔만대장경은, 나라의 보물입니다. 유네스코에서 세계 기록유산으로 지정한 세계의 보물이기도 합니다.
　해인사 대장경은 고려 고종 임금 때 몽고가 침입하자, 부처님 힘을 빌어 나라를 지키기 위해서 1237년부터 16년 동안에 이룩한 것입니다. 호국정신에서 이룬 국가사업이었습니다.
　그것은 우리 조상님들이 부처님 말씀 모두를 한 자씩 나무에 새겨서 만든, 8만 1천 258매의 경판입니다.
　우리 조상님들은 이 한 자, 한 자를 새기면서 외적이 물러나서 나라에 평화가 오기를, 국민 모두 잘 살게 되기를, 후손이 잘되기를 빌었다 합니다. 팔만대장경은 우리 조상님들이 쌓은 정성더미입니다.
　여기에 새겨진 부처님의 가르침은 아주 알기 쉬운 것입니다. 지키기도 쉬운 것이지요. 그 말씀을 다음 몇 마디로 간추릴 수 있습니다.

　―착한 일을 하라. 착한 일을 하면 복이 온다. 나쁜 일을 하지 말라. 나쁜 일을 하면 화를 만난다.

　이 가르침은, 착한 일을 한 만큼 복이 오니 착한 일을 많이 하라는 가르침입니다. 이것은 하나의 과학이지요. 나쁜 일을 한 사람에게 복이 오는 일은 절대 없으니까요. 부처님의 말씀 전체가 '복 짓는 방법 배우기' 입니다.

인류의 스승이신 부처님은, 지구촌 모두가 그 가르침을 실천해서 복 받기를 바라셨습니다. 그래서 더 쉽게 부처님 공부를 할 수 있도록, 재미있는 이야기를 곁들이셨어요. 이것이 '불교 설화', '불교 동화'입니다.

부처님이 들려주신 이야기는 많고 많아서 몇 편이 되는지는 아직까지 밝혀내지 못하고 있습니다. 간단히 '이야기의 산'이라 하면 될 것입니다. 팔만대장경은 복 짓는 이야기의 산입니다.

그래서 지구촌 사람들은 부처님을 세계 최초의 이야기 할아버지로 부르게 되었고, 부처님 말씀인 팔만대장경이 세계 아동문학의 보배 창고인 걸 알게 되었습니다.

부처님은 "나는 수많은 전세상에서 복을 지어 부처가 되었다." 하고, 전생 이야기를 많이 하셨는데 이를 '본생담'이라 합니다.

부처님은 전생에, 착한 코끼리의 왕, 착한 원숭이의 왕, 착한 사슴의 왕, 착한 토끼의 왕, 착한 공작새의 왕, 착한 물고기의 왕으로 있으면서 착한 일로 공덕을 쌓아 부처님이 되셨습니다.

본생담 547개 이야기를 하나로 엮은 '본생경'이 이루어진 것은, 기원전 4세기였습니다. '세계 아동문학사'에서 본생경을 세계 최초의 동화집으로 기록하고 있습니다. 이 이야기를 모두 부처님이 하셨으니 부처님은 세계 최초의 동화작가셨습니다.

부처님이 들려주신 이야기 산의 일부인 본생경을 '자타카'라고도 하는데, 자타카가 유럽에 전해져서 이솝이야기의 일부가 되었다는 것은 퍽이나 흥미 있는 사실입니다. 몇 가지 이야기만 찾아볼까요?

　대머리에 붙은 파리를 잡기 위해 몽둥이로 사람을 다치게 한 본생경 44번째 「모기의 전생이야기」가 이솝이야기의 「대머리 남자와 파리」가 되었습니다.

　본생경 189번째 「사자 가죽을 쓴 나귀」가 같은 제목의 이솝이야기 「사자 가죽을 쓴 나귀」가 되었지요. 사람들이 사자 가죽을 쓴 나귀를 사자로 알고 있었는데, 그 나귀가 나귀 울음소리를 냈다가 본색이 드러난 이야기입니다.

　암코양이가 나뭇가지에 앉은 닭을 속여서 잡아먹으려다 실패하는, 본생경 383번째 「닭의 전생이야기」는 이솝이야기 「여우와 닭」이 되었답니다.

　이처럼 팔만대장경은 이야기의 산이요, 인류의 보물입니다.

　독자들은 이 팔만대장경에서 부처님이 들려주신 복 짓는 여러 지혜를 배우게 될 것입니다.

　어른들은 어린이에게, 어린이들은 어른에게 서로 읽어주며 이야기 나누는 책이 되길 바랍니다.

1

악마도 지옥을 두려워한다

악마도 지옥을 두려워한다

악마의 왕 파순이 몸을 작게 해서 목련존자의 뱃속에 뛰어들었습니다.
"신통 제일, 목련의 뱃속이 따뜻하군."
마왕 파순은 목련존자의 뱃속에 살면서 존자를 괴롭힐 궁리를 했습니다. 뱃속을 휘저으면 존자는 배가 아파서 못 견디게 될 것입니다. 악마로서는 매우 유쾌한 일이었지요.

목련존자는 갑자기 배가 무거워진 것을 느꼈습니다. 신통력으로 뱃속을 들여다보니 악마의 왕이 눈알을 말똥거리며 쪼그리고 있었습니다.
"마왕 파순아, 도로 나오너라. 부처님 제자를 희롱하면 벌 받는다."
'존자는 내가 여기 있는 줄 어떻게 알았을까? 신통제일이라더니 역시 다르군. 들켰으니 나가지 않을 수 없네.'
악마의 왕은 존자의 입으로 나와 팔짝 땅으로 뛰어내렸습니다.
목련존자는 파순에게 말했습니다.
"악마야, 파순아. 너는 오래 전부터 스님들을 괴롭혀 왔다. 그러다가 지옥에 떨어졌지. 그중 하나만 이야기해 주랴?

여러 겁 전, 어느 때 너는 힘센 장사로 몸을 바꾸어 큰 몽둥이를 들고 길가에 섰다가, 비루살야 존자라는 뛰어난 성자의 머리를 내리쳐 큰 상처를 내고, 피를 흘리게 했지.

'아야!' 소리를 내거나 '머리가 깨어졌군.' 하는 생각을 하면, 그 틈을 노려서 존자의 생명을 빼앗을 생각이었지. 그러나 비루살야 존자는 머리가 깨지고 피가 흐르는데도 마음이 움직이지 않았단다. 보고 있던 사람들이

'마왕 파순이 또 죄를 짓는구나!' 했지. 그 말이 끝나기도 전에 파순

은 아비지옥으로 떨어졌단다. 죄가 없어질 때까지 몇 천 년 지옥 고통을 받았지."

악마의 왕 파순은 이야기를 듣다가 그만 달아나고 없었습니다. 또 지옥에 떨어질까봐 겁이 났던 것이지요.

(『한글대장경 제2-1권』 아함부 마요란경)

야차를 가르침

어느 때 부처님은 야차를 가르치기 위해 야차마을 광야의 집을 찾으셨습니다. 광야는 가장 포악한 야차였습니다.

광야의 집에 와서 보니, 마침 광야는 집을 비워 두고 귀신들 모임에 가고 없었습니다. 부처님은 한 방편을 생각하셨습니다. 주인 없는 방에 누워서 주인을 기다리자는 것이었습니다.

광야가 집으로 돌아와서 문을 열었더니 부처님이 누워 계셨습니다.
"침입자는 나가라!"
부처님은 그 말을 따라 밖으로 나오셨습니다. 야차는 또 소리쳤습니다.
"도로 들어오라!"
부처님은 야차 귀신이 시키는 대로 방안으로 들어가셨습니다.
"다시 나가라!"
"다시 들어오라!"
이렇게 '나가라, 들어오라'를 여러 번 했지만 부처님은 야차의 말대로만 따르셨습니다. 그러다가 부처님과 야차가 마주앉았습니다.

"우리 야차는 사람의 피를 먹소. 그러나 내 말에 대답을 정확히 하는 스승이라면 놓아드릴 수도 있소. 아니면 당신의 심장을 깨뜨려 피를 보게 할 것이며, 어깨뼈는 바기강 언덕에 던져버릴 것이오."

"세상에서 누구도 나를 그렇게는 못 할 것이오. 묻고 싶은 것을 물으시오."

악담을 들었지만 부처님 마음은 편안하셨습니다.

"묻겠소. 재물 중에는 무엇이 제일이며, 즐거움은 어디서 오며, 가장 맛나는 것은 무엇이며, 어떤 수명이 제일 오래 가나요?"

"믿음의 재물이 제일 값지고, 즐거움은 바른 법을 따르는 데서 오며, 진실한 말이 가장 맛나고, 지혜의 수명이 제일 오래 가지요."

야차는 계속해서 여덟 가지를 더 물었습니다. 옳고도 바른 부처님의 대답을 듣고, 야차는 부처님 발 아래에 무릎을 꿇었습니다.

"부처님의 말씀을 따르겠습니다. 부처님께 귀의합니다."

(『한글대장경 2-2권』 별역잡아함경 제15권)

약이 아닌 풀은 없어

의사의 왕 지바카는, 마갈타나라 사람이었습니다. 그가 아기였을 때 길가에 버려진 것을 빔비사라 왕의 아들 무외 왕자가 주워다 키웠다 합니다.

아들이 없던 왕자는 주워 온 아기 이름을 지바카라 짓고, 아들을 삼았습니다. 사람들은 이 귀여운 아기를 지바카 동자라 불렀습니다.

지바카는 이제 동자가 아닌 소년이 되었습니다. 무외 왕자는 소년 지바카를 탁실라로 유학을 보냈습니다. 의술을 공부해 오도록 부탁한 거지요.

당시, 탁실라는 문화와 학문이 앞선 나라로 마갈타나라에서 먼 곳이었습니다.

탁실라에 도착한 지바카 소년은 의술로 널리 알려진 빈가라 스승을 찾아갔습니다.

"저는 마갈타에서 스승님을 찾아왔습니다. 의술을 배우고자 합니다."

"좋다. 열심히 배우도록 하라."

빈가라 스승은 먼 나라에서 찾아온 제자를 반갑게 맞아서 열심히 의술을 가르쳤습니다. 지바카는 열심히 의술을 배웠습니다.

7년이 되던 해였습니다. 지바카가 물었습니다.

"스승님. 저의 의술 공부가 언제 끝나겠습니까?"

빈가라 스승이 미소를 짓더니, 대바구니 하나를 내놓으며 말했습니다.

"산과 들을 조사해서 약이 아닌 풀을 여기에 담아 오도록 하라."

지바카가 스승이 주는 대바구니를 들고 다니며, 여러 날 산과 들을 조사했습니다. 그런데 조사를 하고 보니 약으로 쓰이지 않는 풀과 나무는 없었습니다. 지바카는 스승에게 빈 대바구니를 돌려드리며 여쭈었습니다.

"스승님이 시키시는 대로 여러 날을 조사했으나 약에 쓰이지 않는 초목은 없었습니다."

지바카의 말을 들은 스승은, 소리 내어 웃으며 말했습니다.

"그쯤 알면 지바카 자네는 의술 공부가 끝났네. 수미산 남쪽 염부제에서 의술로는 내가 제일이었는데 제자 지바카가 내 뒤를 잇게 되겠군. 장차 의사의 왕이라 불리게 될 걸세. 고국으로 돌아가게."

지바카는 스승께 고맙다는 인사를 여러 번 하고 빈가라 스승 곁을 떠났습니다.

(『한글대장경 94권』 사분률 39권)

약자의 마지막 수단

대복(大腹)이라는 돼지의 왕이 있었습니다. 돼지 무리를 거느리고 히말라야 산으로 들어가다가 길에 엎드린 짐승들을 만났습니다.

"어떤 버릇없는 놈들이냐! 나는 짐승의 왕이다. 대왕이 행차하시는 길을 가로막고 있다니. 썩 비키지 못할까!"

그런데 길을 막은 것은 사자 무리였습니다. 사자들이 벌떡 일어나더니 갈기를 세우고 사납게 외쳤습니다.

"우리는 맹수의 왕, 사자다. 짐승의 왕이라니 누군고? 돼지로구나. 내 밥이 무리를 거느리고 오셨네. 기꺼이 먹어주지. 으르렁!"

대복은 깜짝 놀랐습니다.

'이거, 지금 대결했다가는 우리가 하나도 살아남지 못한다. 꾀를 쓰자.'

돼지 왕은 짐짓 큰소리로 말했습니다.

"과연 건방진 놈이로다! 그렇다면 나와 겨루겠다는 말이냐? 좋다. 우리 군사가 갑옷을 차려입고 무장을 하고 올 테니 사흘만 기다려!"

"돼지 주제꼴에 갑옷이라고? 그래 갑옷이 있거든 입고 오너라."

사자는 돼지 왕과 돼지 무리를 놓아주었습니다.

되돌아온 돼지 왕 대복은 사자를 물리칠 궁리를 했습니다.

마침내 한 가지 궁리를 얻었습니다. 돼지 왕과 돼지들은 오물 구덩이에 들어갔습니다. 오물이 몸에 배도록 사흘 동안 구덩이에서 나오지 않았습니다.

대결의 날인 사흘 만에 오물 구덩이에서 나온 돼지 몸에는 지독한 냄새가 풍겼습니다.
 코가 밝은 사자들은 돼지 왕이 가까이 오기도 전에 코를 막아야 했습니다. 돼지 왕이 큰 소리를 쳤습니다.

"여기에 짐승의 대왕이 왔다. 갑옷을 입고 무장을 하고 왔다. 나오너라 싸우자!"

사자는 쫓겨가며 말했습니다.

"우리는 백수의 왕으로서 깨끗한 먹이만 골라 먹는다. 너처럼 냄새 지독한 놈 상대 않는다."

(『한글대장경 제4권』 대정구왕경)

어린 사미의 법문에 깨달은 대왕님

부처님의 말씀을 실천하는 왕이 나타났습니다. 자기를 뉘우치며 부처님 법을 지키기로 한 아쇼카 왕입니다. 8만 4천의 절과 8만 4천의 보배탑을 세우고, 부처님의 평등사상을 실천한 왕입니다. 아쇼카 왕은 부처님 법으로 천하를 다스린 영웅이었습니다.

'사미와 왕자의 나이가 어리다 해서 낮추어 보아서는 안 돼. 부처님 가르침이 옳고말고.'

부처님 말씀을 따라 사미 스님을 존경해 온 아육 왕이었습니다. 어느 날 왕이 신하와 호위병을 거느리고 행차를 하던 중이었습니다. 한 사람의 사미가 지나가고 있었습니다. 나이가 아주 어린 아기 스님이었습니다.

수레를 멈춘 왕은, 곧 타고 가던 수레에서 내렸습니다. 사미를 조용한 곳으로 데리고 가서 머리를 숙여 예배를 올렸습니다. 그리고, 합장을 한 채 말했습니다.

"사미 스님을 존경합니다. 그러나 나라의 왕이 스님께 예배를 올리더라는 걸 남에게 얘기하지는 마십시오."

왕이 나이 어린 사미 스님들에게 예배 올리는 것을 못마땅히 여기는 신하가 있어서, 말을 막으려고 하는 부탁이었습니다.

그러자 사미는 몸을 작게 하더니, 손가락만큼 작아져서, 가지고 가던 물병 속으로 쏙 들어가는 것이었습니다.

"대왕님, 소승이 물병 속에 들어간 걸 분명히 보셨지요?"

사미는 물병 속에서 물병을 똑똑 두드리며 말했습니다. 그러던 사미가 물병에서 나오더니 다시 말했습니다.

"대왕님을 존경합니다. 그러나 이 사미가 물병에 들어갔다 나왔다는 걸 남에게 얘기하지는 마십시오."

사미의 말에 대왕은 크게 깨달았습니다.

"저 사미스님 법문에 내가 깨달았다. 옳은 일에는 남의 눈치 볼 거 없다는 법문이군."

용기를 얻은 아쇼카 왕은, 어린 사람들을 대우하는 데에 힘을 기울였습니다. 어린 사미 스님을 큰 스님과 똑같이 예우하는 일에 더욱 힘썼습니다.

(『한글대장경 195권』 법원주림 경승편)

어린이 사랑은 부처님 말씀에서

아쇼카 왕은 자주 대궐 안에다 큰 잔치를 차리고, 수많은 스님들에게 공양을 올렸습니다. 이때 대왕은, 향기가 나는 물에 몸을 씻은 뒤 새 옷을 갈아입고 누각에 올라가 스님들을 맞았습니다. 큰 스님과 나이 어린 사미 스님에게 똑같이 예배를 올리고, 똑같이 대접했습니다.

스님들은, 부처님 가르침을 실천하는 아쇼카 왕을 장한 임금이라며 칭찬했습니다. 그러나 신하들은 모두 불만이었습니다.

"한 나라의 왕이 어린애 스님들에게 머리를 숙이는 것은 지나치셔."

야사라는 신하는 그 중에서도 불만이 컸습니다. 그는 왕에게 여쭈었습니다.

"왜, 귀하신 대왕님이 어린애 스님들에게 머리를 굽히십니까?"

왕은 껄껄 웃으며 신하들을 둘러보았습니다. 그리고 신하들에게 말했습니다.

"짐이 숙제를 내겠다. 모든 신하들은 죽은 짐승의 머리 하나씩을 구해 오도록 하라. 그리고 신하 야사는, 죽은 사람의 머리 하나를 구해 오라!"

왕명을 받은 신하들은 짐승의 머리 하나씩을 구해 왔습니다. 쇠머리, 돼지머리, 양머리 등 가축의 머리였습니다. 야사는 힘을 들여서 죽은 사람의 머리 하나를 구해 왔습니다. 그러자 다음 명령이 내렸습니다.

"그것을 시장에 내다 팔아서 그 돈을 가지고 오라!"

신하들이 시장으로 갔습니다. 짐승의 머리는 그 자리에서 팔렸지만 사람의 머리를 사려는 사람은 없었습니다.

"죽은 사람의 머리를 팔러 다니다니, 당신은 사람 잡아먹는 야차 귀신인가요?"

사람들은 야사를 보고 따졌습니다. 야사는 왕에게 여쭈었습니다.

"대왕님. 죽은 사람의 머리를 사는 사람은 아무도 없습니다."

왕이 웃으며 말했습니다.

"사람의 삶은 고귀하지만, 죽은 뒤 그 주검은 가장 쓸모가 없다. 임금인 내 주검 내 머리도 그렇다. 그처럼 천하게 될 것이면 내가 어린 스님들에게 머리 숙이는 것에 불만을 가질 필요는 없지 않을까? 나이가 어리다 해서, 지위가 낮다 해서, 차등을 두는 건 안 돼. 부처님 가르침이 그렇지 않거든."

어린이 사랑이 부처님 말씀에서 시작되었다는 걸 아셨죠?

(『한글대장경』 195권 법원주림 경승편)

예쁘게 말린 부처님 머리털

부처님께서 냐그로다 숲, 냐그로다 정사에 머물면서 가비라나라 왕족과 백성을 위해 법회를 여셨습니다.
　오늘은 부처님이 자신의 모습에 대해서 설법을 하실 거라 합니다. 광명을 보이며, 법상에 앉으신 부처님은 참으로 잘나고, 거룩한 모습이셨습니다.
　부처님의 서른 둘 잘난 모습에는 머리털이 남다른 것이 그 하나입니다.
　부처님은 아난 존자에게 이르는 것처럼 이야기를 시작하셨습니다.
　"자세히 들어라. 여래에겐 지금, 8만 4천 개의 머리털이 있다. 둘씩 마주보고 있지. 그것이 오른쪽으로 돌아가며 달팽이 모양으로 예쁘게 누워 있다. 그 머리털 구멍마다 반짝이는 다섯 광명이 솟는다."
　부처님 설법은 옛날 얘기보다 더 재미있었습니다.

　부처님이 궁중에서 싯다르타 태자로 자라실 때의 이야기도 하셨습니다. 유모가 태자의 머리를 감기고 있는 것을 본 이모 대애도 부인이, 유모에게 일렀답니다.
　"태자의 머리에 기특한 점이 참으로 많다. 잘 살펴 두어라. 태어날 때부터 그러했다. 사람들이 태자의 머리털 길이가 얼마나 되느냐고 물으면 대답할 수 있도록 길이를 재어 두자."
　유모는 태자의 머리털을 펴고,

이모는 자를 들고 그 길이를 재었는데 한 길 두 자 다섯 치였대요. 폈던 머리를 놓으니, 머리는 오른쪽으로 말려서 다시 달팽이 모양이 되었답니다. 이것은 부처님이 아기였을 때 이야기입니다.

설법을 하시던 부처님이 부왕께 물으셨습니다.

"부왕께서 여래의 머리털을 다시 보고자 하시옵니까?"

"그렇습니다."

부처님은 부왕의 소원을 들어드리기 위해 당신의 손으로 머리털을 펴셨습니다. 부처님 머리털이 냐그로다 정사로부터 부왕의 왕궁으로 뻗어 왕궁을 일곱 겹으로 둘러쌌습니다. 어렸을 때는 한 길 두 자 다섯 치밖에 되지 않던 머리털입니다. 머리털에서 유리빛깔 광명이 반짝이고 있었습니다.

대중이 모두 놀라고 있을 때 부처님은 머리털과 광명을 거두셨습니다. 그러자 머리털은 오른쪽으로 말려서 다시 달팽이 모양으로 정수리에 놓였습니다.

(『한글대장경 72권』 경집부 11 관불삼매해경 관상품)

옹고집 구두쇠, 노지 장자

교살라국에서 첫째 가는 부자 노지 장자는 구두쇠에다 옹고집이었습니다. 제석이 그의 버릇을 고치기 위해 노지와 똑같은 모습이 되었습니다. 노지가 집을 비운 사이에 노지의 집으로 가서 노지 장자의 어머니에게 말했습니다.

"어머님. 여태까지 저에게 인색한 감탄 귀신이 따르고 있었지요. 저와 모습이 똑같은 그 귀신 때문에 재물을 두고도 가족을 굶겨 왔습니다. 오늘, 어떤 도인이 그 귀신을 쫓아 주었습니다."

그 귀신이 또 오거든 내쫓으라며 하인들을 대문에 세웠습니다.

그리고 노지의 모습이 된 제석은 창고를 열고 곡식과 재물을 내어서 맛있는 음식을 차리게 했습니다. 좋은 옷감을 내어서 노지의 어머니와 아내, 아들 딸과 하인들에게 나누어주고 새 옷을 지어 입도록 했습니다. 친척과 이웃과 마을에 재산을 나누어주었습니다.

온 가족이 기뻐하며 제석 노지를 따랐습니다.

제석 노지는, 노지의 보물창고를 열어 영락을 꺼냈습니다. 가족과 하인들에게 영락을 고루 나누었습니다. 악기 창고에서 악기를 꺼내어 가족과 하인들에게 나누어주고 악기 소리에 맞추어 춤을 추게 했습니다.

그 때에 밖에 나갔던 진짜 노지가 술에 취해서 집으로 돌아왔습니다. 집안에는 풍악이 울리고 마을 사람이 몰려 와서 재물을 얻어가고 있었습니다.

그런데 자기와 똑같은 사람 하나가 창고를 열어놓고 곡식, 옷감, 보물을 나누어 주고 있었습니다.

"웬 놈이냐? 내 재산에 손을 대다니!"

"감탄 귀신이 다시 왔구나. 저 귀신을 내쳐라!"

하인이 내쫓은 노지 장자는 목을 놓아 울다가 국왕에게 가서 사정을 호소했습니다. 노지의 이야기를 들은 왕은 말했습니다.

"이 일을 판단하실 분은 부처님뿐이시다."

왕은 진짜 가짜 두 사람을 데리고 기원 정사로 부처님을 찾아 갔습니다. 부처님은 가짜 노지 제석을 크게 칭찬하시고, 노지 장자의 구두쇠 버릇을 바꾸어 베푸는 장자가 되게 하셨습니다. 부처님이 들려주신 노지 장자 이야기가 고대소설 『옹고집전』이 되었대요.

(『한글대장경 66권』 노지장자 인연경)

2

이런 세상이 와서는 안 돼요

외도들의 불만

8만 4천의 절과 8만 4천의 보탑을 세운 아쇼카 왕은, 삼보만 받드는 임금이었습니다. 그러자 외도들의 불만이 많았습니다.

"우리 대왕님은 머리 깎은 사문만 돌보신다. 우리를 거들떠보지도 않으시니 견딜 수 없다."

불평을 하던 외도 5백 명이 모였습니다. 그 중 우두머리 한 사람이 나섰습니다. 우두머리는 주먹을 휘두르며 소리쳤습니다.

"우리는 억울하다. 대왕의 궁궐로 쳐들어가자!"

우두머리는 대자재천의 천신인 마헤수라의 모습을 한 우두머리는 나머지 499명을 거느리고 대궐 문에 이르렀습니다.

"대왕은 왜 부처의 가르침만 받드시오?"

아쇼카 왕은 깜짝 놀랐습니다. 왕은 신하를 시켜 5백 명을 자리에 앉힌 다음 푸짐하게 음식을 차리게 했습니다. 그러자 우두머리가 빈정대며 말했습니다.

"우리 대자재천 하늘 사람들은 이런 음식을 먹지 않소. 사문들에게 대접하는 최고의 요리를 내어 오시오. 아니면 입에 대지도 않을 거요."

왕은 심부름꾼 한 사람을 몰래 불러서 일렀습니다.

"가까운 절, 계두말사에 가서 큰스님께 여쭈어라. 대자재천 마혜수라라는 자가 무리를 거느리고 왔는데 겉모습은 사람

같으나, 행동으로 봐서는 나찰인 것 같다. 이들을 달래어 보낼 만한 스님 한 분만 ……."

그런데 심부름꾼이 모시고 온 스님은 일곱 살 아이, 사미 스님이었습니다. 이 사미 스님이어야 나찰을 달래어보낼 수 있다며 큰스님이 보낸 것이었습니다.

나이 어린 스님이 들어서자 외도들이 소리쳤습니다.

"저 꼬마 중은 웬 사람이요?"

그 소리를 들은 체도 않고 사미는, 아쇼카 왕의 귀에 대고 말했습니다.

"대자재천에서 온 마헤수라라고요? 아닙니다. 외도들이 가장을 하고 온 거예요, 저 마헤수라 차림 외도가 우두머리지요. 대왕께, 어째서 외도를 돕지 않느냐며 따지러 온 것이에요. 오늘 저 5백을 부처님 법으로 교화시키겠습니다."

사미 스님이 말했습니다.

"우선 배가 고프니 밥을 먹어야겠습니다."

일곱 살 사미 스님은 500명이 먹지 않겠다면서 내놓은 5백 밥상 앞에 가서 5백 밥상 음식을 휘딱 먹었습니다. 그러고 말했습니다.

"대왕님, 저 사람들이 못 먹겠다며 내놓은 궁중요리가 아주아주 맛있습니다. 요리가 이렇게 많아서 다행입니다."

일곱 살 사미의 작은 배에 밥, 5백 상이 들어갔지만 배가 부른 것 같지 않았습니다. 외도들은 이런 끔찍한 일이 어떻게 있을까 하며 놀라고 있었습니다. 지켜보는 아쇼카 왕도 궁중 사람들도 모두 놀라고 있었습니다.

그러자 사미 스님이 말했습니다.

"그런데 대왕님. 이 외도들을 데리고 가서 부처님 법을 가르쳐야겠습니다. 이 사미가 모시고 가는 것이니 놀라지 마십시오."

사미는 외도를 하나씩 붙잡아서, 그 5백 명을 모조리 입에다 넣는 것이었습니다. 사미 스님의 배는 조금도 부른 것 같지 않았습니다. 궁중 사람 중에는 이 광경을 보고 너무 놀라서 기절을 한 사람들이 있었습니다.

사미는 준비해 온 조그만 약을 먹어 이들을 고쳐 놓고 훌쩍 계두 말사로 가버렸습니다.

"도대체 어찌되는 것일까?"

아쇼카 왕이 어리둥절해하며 사미를 따라 계두 말사로 수레를 몰았습니다.

절에 도착한 사미는 입에서 5백 명 외도를 꺼내었습니다. 그 5백 명이 모조리 머리를 깎고 법복을 입은 스님이 되어 있었습니다.

사미 스님이 먹었던 궁중요리 5백 상을 밥상에 차린 그대로 입에서 꺼내었습니다. 조금도 식지 않은 궁중요리였습니다.

사미 스님이 말했습니다.

"모두 배가 고프실 테니 어서 드세요."

외도들 5백은 맛있는 궁중요리를 배불리 먹었습니다.

"우리 절 공양은 한 상만 차려 오세요. 그 한 상은 신통력 사미스님 몫입니다."

이제 고분고분해진 외도들은 일곱 살 스님을 따라 부처님 가르침을 배우기로 했습니다. 아쇼카 왕이 놀라워하면서 사미스님을 지켜보고 있었습니다.

(『한글대장경 196권』 법원주림 28권)

의사의 왕 지바카의 활동

지바카는 탁실라에서 마갈타의 서울 왕사성으로 돌아왔습니다.

길러준 아버지 무외 왕자를 찾아가 뵙고, 빔비사라 왕을 치료해 드리기로 했습니다. 빔비사라 왕은 종기가 나서 낫지 않고 있었습니다. 지바카는 종기를 칼로 자르고 물에 씻은 다음, 약을 발라 금방 낫게 했습니다. 조금도 통증을 느끼지 않은 빔비사라 왕이 지바카에게 물었습니다.

"네가 치료를 할 수 있겠느냐?"

지바카가 대답했습니다.

"벌써 치료가 끝났습니다. 치료한 자국은 벌써 다 아물었습니다."

왕을 치료한 지바카는 이제 이름난 의사가 되었습니다. 빔비사라 왕은 지바카에게 부처님의 교단과 왕궁을 전담하는 의사가 되라고 했습니다.

지바카는 머리가 쑤시고 아프다는 왕사성 어느 장자에게 마취제를 먹인 다음 머리뼈를 열고, 그 속에 가득차 있는 벌레를 잡아내기도 했습니다. 교상미나라 장자 아들의 뒤틀린 창자를 고쳐 주기도 했습니다.

어느 때 악왕으로 알려진 위선 나라 바라수제 왕으로부터 12년 앓고 있는 두통을 고쳐달라는 부탁이 왔습니다. 그 병에는 우유를 삭여서 만든 타락으로 약을 만들어야 했습니다. 그러나 이 악왕은 우유를 몹시 싫어하는 식성이었습니다.

이름난 의사 지바카는 우선 잘 달리는 말 한 필을 구해서 타고 가서, 바라수제 왕을 만났습니다.

"나는 우유를 못 먹소. 타락으로 만든 약은 안 돼."

"예, 그 소식을 이미 들어서 알고 있습니다."

이렇게 말한 지바카는 타락으로 만들었지만 물맛이

나는 약을 왕의 어머니에게 주며 말했습니다.

"대왕이 잠에서 깨면 물을 찾으실 겁니다 병에 담긴 이 물을 드리세요."

약을 전한 지바카는 빠른 말을 타고 왕사성으로 달아났습니다.

약을 마신 바라수제 왕이 화를 내며 말했습니다.

"이거, 타락 냄새가 나네. 그 젊은 의사가 한 짓이로군. 불러들여라!"

그런데 지바카는 벌써, 위선 나라에는 없었습니다.

"그런데 이상하다. 12년을 앓던 머리가 짱하게 맑아졌어. 아이 좋아라!"

두통이 사라지자 바라수제 왕은 일어나서 덩실덩실 춤을 추었습니다.

(『한글대장경 94권』 사분률 39권)

이런 세상이 와서는 안 돼요

부처님이 말씀하셨어요.

"겁초에 세상 사람 목숨은 4만 세였다. 그 뒤 점점 줄어서 2만 세가 되었다가, 다시 줄어서 1천 세가 되었지. 수명이 주는 것은 욕심 때문이었지."

수명 1천 세, 이 때만 해도 세상은 아주 평화로웠단다.

부처님이 말씀을 이으셨어요.

"그러다가 사람들 사이에서 힘센 자가 나타나 힘으로 남의 것을 빼앗으려 했지. 이러다가 전쟁이 벌어진 거야."

현재는 인간 100세의 시대다. 죄악 때문에 이처럼 수명이 짧아진 거란다. 죄악은 무서운 거지. 이제 인간이 더 많은 죄악을 짓게 되면 인간의 수명은 어떻게 될까?

자꾸 죄를 짓다 보면 인간 수명 10세의 시대가 올 수 있다. 이 때를 말세, 또는 겁말이라 하지. 이 시대가 되면 남녀가 아깃적에 결혼을 하게 되고 여덟 살쯤이면 할머니 할아버지가 된단다. 끔찍하지?

부처님은, 겁말 세상에는 음식과 과일에서 단 맛은 모조리 없어지고 쓴 맛만 남게 된다 하셨습니다.

"겁말이 되면, 사람이 사람의 눈에 띄면 죽일 생각만 하게 되는데 이 때가 도병겁(刀兵劫)이다. 무엇이나 손에 잡히는 건 칼로 변해 버린다."

이것을 듣고, 미친 듯이 사람을 죽이게 된다.

그러나 겁말이 끝난 건 아니란다. 겁말의 고생은 아직 멀었지. 곡귀겁(穀貴劫)과 기아겁(饑餓劫)이 한꺼번에 닥치는 거야. 곡귀겁에는 땅에서 가시덤불만 돋아나고 오곡이 자라지 않으며, 기아겁에는 배가 고파서 못 견디지.

"아이 배고파. 아이 배고파!" 하며 먹을 것을 찾아 헤매다가 질병겁(疾病劫)을 만나지. 온갖 질병이 몸속에 쳐들어와 세상 사람은 하나 빠짐없이 신음을 하게 된단다.

"아야, 아야! 아이구 아파!"

온 세상이 신음 소리로 들끓게 된다. 도병겁, 곡귀겁과 기아겁, 질병겁이 와서는 안 되겠지? 착하게만 살면 절대 그런 일 없다!

부처님은 이야기를 마치셨어요.

(『한글대장경 제1권』 아함부 세기경 삼중겁품)

죽음은 면할 수 없어

크고 넓은 삼천대천세계에 부처님을 아들로 둔 대왕이 딱 한 사람 있었습니다. 가비라 성 정반 대왕이었지요.

그 대왕이 몸져눕게 되었습니다. 대왕은 이야기를 하다가 말소리가 끊어지기도 하며, 기운을 차리지 못했습니다.

"뼈마디가 아프고, 숨이 차다. 이제 나는 마지막이다."

대왕은 나라 일을 조카인 마하남에게 맡겼습니다. 마하남은 대왕의 아우인 곡반 왕의 아들이었습니다. 그는 나라 안에서 용하다는 의원들을 불러 대왕의 병을 돌보게 했으나 차도가 없었습니다.

"부처님을 아들로 둔 대왕님도 죽음을 면할 수는 없구나. 대왕님이 안 계시면 우리는 어찌할꼬, 어찌할꼬?"

이런 말을 하다가 가비라의 석가족은 목을 놓아 울었습니다.

마갈타 영추산에 계시던 부처님이 부왕의 마음을 읽으시고 난타와 아란과 라후라를 부르셨습니다.

"부왕께서 이 세상 인연을 마치실 것 같다. 가서 병문안을 올리자."

부처님 말씀에 아난과 난타와 라후라가 같이 나섰습니다.

부처님의 신족통으로 네 사람은 잠시 후 가비라 성에 이르렀습니다.

"세존께서 오셨습니다. 아난 존자, 난타 왕자, 라훌라 왕손도 같이 문밖에 이르셨습니다. 기뻐해 주십시오."

그 소리에 병석에 누웠던 대왕이 벌떡 일어나려 했습니다. 그러다가 병석에 다시 누웠습니다. 부처님, 아난 존자, 난타 왕자, 라훌라 왕손을 본 기쁨 속에 궁중사람들이 와아, 하고 감동의 울음을 터뜨렸습니다.

"그 먼 거리를 순식간에 오시다니? 반갑고 고마워라. 세존은

천하의 스승이시니 신통력을 갖추셨구나. 우리 조카 아난은 바다같은 세존의 법을 한마디 잊지 아니하고, 지니고 있다지. 우리 둘째왕자 난타도 나고 죽는 욕망의 바다를 이미 건넜다지. 라후라는 네 가지 도과를 성취했다지. 모두 여기 와서 나에게 예를 올리고 있구나. 기뻐라, 기뻐라!"

　병석에 누운 대왕은 기쁨을 이기지 못해 일어나서 춤이라도 출 듯했습니다.

(『한글대장경 66권』 정반왕 열반경)

지옥 왕에게 줄 뇌물 모으기

나쁜 일을 일삼는 왕이 있었습니다.
늙은이가 된 뒤, 왕은 생각하였습니다.
'나는 나쁜 일을 많이 하였다. 죽어서 이 세상을 떠나면 태산지옥에 떨어질 것이 뻔하다. 지옥을 면하려면 지옥 왕에게 뇌물을 주어야 한다.'
그는 죽어서 지옥 왕에게 줄 뇌물을 준비하기로 하였습니다.
"뇌물로는 금이 제일이다. 금을 모으자."
왕은 곧 전국에 포고령을 내렸습니다.

― 금을 가진 자는 모두 나라에 바쳐야 한다. 금을 조금이라도 감추어 둔 자는 그 죄가 죽음에 이르리라.

벌을 두려워한 백성들이 가진 금을 죄다 긁어서 나라에 바쳤습니다. 금붙이로 된 패물을 모두 거두어서 바쳤습니다. 그러나 백성을 못 믿는 왕은 포졸을 풀어서 감추어 둔 금이 없는지 집집마다 뒤졌습니다.
조금이라도 금을 감추었던 사람은 잡혀가서 벌을 받았습니다.
전국에서 긁어 모은 금이 너무 많아서 왕궁의 창고가 넘치자 왕은 대궐 마당에 황금의 노적을 여러 개 쌓게 하였습니다.
그러기를 3년이 되자 백성의 손안에는 금붙이로 만든 가락지 한 개도 남아 있지 않게 되었습니다.
그러나 이것으로 만족할 왕이 아니었습니다.
'금싸라기 반 조각이라도 더 갖고 가서 지옥 왕에게 인정을 써야 지옥을 면할 수 있다.'
이렇게 생각한 왕은 다시 포고령을 내렸습니다.

― 적은 금이라도 남아 있는지 다시 각자의 집안을 뒤지도록 하라. 금싸라기 반 조각이라도 찾아서 바치는 자는 막내공주로 사위를 삼고 높은 벼슬을 주리라.

그러나 포고령이 내리고 1년이 되었지만 금은 더 나오지 않았습니다.
이 때, 어느 마을에 홀어머니를 모시고 있는 노총각이 있었습니다. 그는 아버지의 무덤에 반 푼의 금이 묻혀 있다는 것을 알고 있었습니다.
"어머니 팔자 고칠 일이 생겼어요. 아버지의 관에 넣었던 그 금조각이라도 파내어다 바칩시다. 나라의 부마가 된다니까요."

"그런 일이라면 그렇게라도 해야지."

어머니의 허락을 받은 아버지의 무덤에서 관을 열고 반 푼의 금을 꺼내었습니다.

그는 곧 왕궁을 찾아가서, 반 푼의 금을 왕에게 바쳤습니다.

"너는 이 시간부터 막내공주의 남편이다."

임금은 아주 기뻐하며 부마가 된 노총각에게 물었습니다.

"그런데 여태 없던 금을 어디서 구했느냐?"

노총각은 황공해하며 대답하였습니다.

"돌아가신 아버님께서 반 푼의 금을 관에 넣어 달라고 유언을 하셨습니다. 저승에 가서 뇌물로 쓰시려는 것이었습니다."

"그래? 그대의 아버지가 세상 떠나신 것이 몇 년 전인가?"

"11년이 되었습니다."

왕은 고개를 갸웃거렸습니다.

"저승에서 쓰려던 금이 어째서 아직까지 관속에 있을꼬? 저승에는 뇌물이 쓰이지 않는 것일까?"

"사실 그런 것 같습니다. 저희 아버님의 경우를 봐서도 그렇습니다. 극락과 지옥은 선악에 따르는 것일 뿐 뇌물로는 되지 않는 것이 분명합니다."

"공연한 짓을 했군."

왕은 곧 빼앗은 금을 돌려주고, 어진 정사를 베풀었습니다.

백성이 모두 왕을 따르게 되었습니다.

(육도집경 정진도무극장)

팔자나쁜사람이라는 이름

'팔자나쁜사람'이라는 이름을 가진 사람이 있었습니다.
친구들이 놀렸습니다.
"팔자나쁜사람아, 이리 오게. 팔자나쁜사람아, 저쪽에 앉게."
팔자나쁜사람은 장자의 집에서 머슴살이를 하고 있었습니다.
장자의 친구는 장자에게 말했습니다.
"이 사람아, 저 머슴을 내보내게. 저 사람 이름을 들으면 귀신이라도 도망치겠네. 자네까지 팔자 나쁜 사람이 되면 어쩌나?"
팔자나쁜사람도 이름 때문에 고민을 하다가 장자에게 여쭈었습니다.
"어르신! 저는 이름 때문에 시달리고 있습니다. 정말로 팔자 나쁜 사람이 될까 봐서 그럽니다."

장자가 타일렀습니다.

"이름은 사람을 부르는데 쓰일 뿐 다른 뜻이 없네. '팔자나쁜사람'이라 해서 정말 팔자가 나쁜 것도 나빠지는 것도 아니라네."

"그래도 장자님, 제 이름을 고치려 합니다. 장자님이 제 이름을 고쳐 주십시오. 부탁입니다."

"그렇다면 말미를 주겠네. 세상에 나가서 좋은 이름을 골라 보게."

이리하여 팔자나쁜사람은 세상을 돌아다니며 좋은 이름들이 어떤 것인가를 알아보았습니다.

어느 마을에 가니 젊은 사람이 죽었다며 온 가족이 울고 있었습니다.

"죽은 젊은이 이름이 무엇인지요?
하고 물어보았습니다."

"오래 살라고 '목숨잇는이'라 했지. 그런데 목숨 끊어진 이가 되었어."
하고 이웃 사람이 대답했습니다.

"그거 안됐군요."

팔자나쁜사람은 다시 길을 걸었습니다.

얼마를 가다니까 다섯 갈림길에서 길을 잃고 헤매는 사람이 있었습니다. 팔자나쁜사람이 물었습니다.

"길을 잃었군요. 당신의 이름은 무엇이지요?"

"내 이름은 '길익은이'입니다. 몇 번 다니던 길인데 어디로 가야 할지 모르겠네요."

"허허 길익은이가 길 잃은 이가 되었군요."

그러나 팔자나쁜사람도 낯선 곳이어서 길을 가르쳐 줄 수 없었습니다.

한 곳을 가다 보니 빚장이에게 졸리는 사람이 있었습니다.

"왜 여태 그 돈을 갚지 않소?"

"돈이 없어 그러니 한 달만 기다려 주십시오."

빚쟁이에게 두 손으로 비는 사람을 보고 물었습니다.

"당신 이름은 무엇이오?"

"예, 내 이름은 보물지기입니다."

"보물지기가 빚에 졸리다니요? 안됐군요."

팔자나쁜사람은 또 길을 걸었습니다.

길가에 헐벗은 거지 두 사람이 있었는데 한 사람의 이름은 '옷입을사람'이고, 한 사람은 '비단한짐'이라는 이름이었습니다.

팔자나쁜사람은 돌아가서 장자에게 말했습니다.

"세상을 돌아보니 이름을 바꿀 마음이 없어졌습니다. '목숨잇는이'라는 사람이 일찍 죽고, '길익은이'라는 사람이 길을 잃고 헤매고 있었습니다. '보물지기'는 빚에 졸리고, '옷입을사람'이나 '비단한짐'이라는 사람은 헐벗은 거지였습니다. 어르신 말씀대로 이름은 부르는데 쓰일 뿐, 이름대로 되는 것은 아니었습니다."

어느 날, 장자의 식구가 머슴들을 데리고 시골로 가고, 팔자나쁜사람 혼자 집을 지켰습니다.

돈 많은 장자가 집을 비웠다는 말을 듣고 도둑들이 밤중에 집을 둘러 봤습니다.

팔자나쁜사람은 도둑이 온 것을 알고 한 가지 꾀를 내어

"너는 앞문을 지켜라! 너는 뒷문을 지켜라! 너는 좀 있다가 고동을 불 준비를 해라. 너는 좀 있다가 북을 쳐라!"

하고 돌아다녔습니다.

도둑들은

"집이 비었다더니, 저 팔자나쁜사람 떠드는 소리 들어보게. 집안에 사람이 많군."

하고 들고 왔던 몽둥이를 던져놓고 달아나 버렸습니다.

이튿날이 되었습니다. 도둑들이 버리고 간 몽둥이를 보고 사람들이 말했습니다.

"만일 팔자나쁜사람이 아니었더라면 장자의 전재산이 털릴 뻔했군. 역시 사람 이름을 보고 그 사람을 말해서는 안 돼."

집에 돌아온 장자가 팔자나쁜사람을 불렀습니다.

"도둑을 쫓고 집을 잘 지켰으니 고맙네. 자네는 이 큰 살림을 지킬 만한 능력이 있네. 우리 집 외딸과 결혼을 하지 않겠나?"

이렇게 하여 팔자나쁜사람은 팔자 좋은 사람이 되었습니다.

그러나 한평생 이름을 바꾸지는 않았습니다.

(본생경 83화)

해와 달을 만지신 부처님

　발가벗고 수행을 하는 벌거숭이 외도가 있었습니다. 하루 종일 외발로 서서 견디는 고행 외도가 있었습니다. 이와 같은 엉터리 외도들은 모두 여섯 종단이었습니다. 이들 외도의 스승은 자기를 따르는 제자들에게 자기도 석가모니와 동등하다며 큰 소리를 쳤습니다.
　부처님은 신통력으로 이들이 스스로 깨닫게 하기로 하셨습니다. 부처님은 국왕과 하늘 사람들과 여러 대중과 여섯 외도가 모인 앞에서 막대기 하나를 땅에 꽂으셨습니다.
　막대기가 살아나 뿌리와 줄기, 가지가 쭉쭉 벋더니 잎이 무성한 큰 나무가 되었습니다. 부처님은 대중을 향해 설법을 하셨습니다.
　이튿날에도 똑같은 대중이 부처님 앞에 모였습니다. 부처님은 어제의 그 나무에 향기의 꽃을 피우셨습니다. 빛깔이 고운 향기의 꽃잎이 떨어져 쌓였습니다. 부처님 설법을 듣고 모든 대중의 법눈이 밝아졌습니다.
　셋째 날에는 나무에 과일이 열렸습니다. 과일은 하룻만에 모두 익어서 땅에 떨어졌습니다. 부처님 제자와 모든 대중이 과일을 주워서 맛을 즐겼습니다. 세상에서 어떤 과일보다 맛과 향기가 뛰어난 과일이었습니다.
　이어서 부처님의 설법이 있었습니다. 대중의 마음에 기쁨이 가득 차게 되었습니다.
　넷째 날이었습니다. 부처님이 물그릇을 기울여 물을 몇 방울 뿌리셨습니다. 그 물방울이 점점 불어나고 커지더니 커다란 호수가 되었습니다.

깨끗한 호수에 우발라, 분다리 등 여러 가지 연꽃이 피었습니다. 오리, 원앙, 남생이와 온갖 물고기가 물속에서 헤엄치고 있었습니다. 부처님은 호수를 바라보며 설법을 하셨습니다.

다섯째 날이 되었습니다. 그 호수에서 동서남북 사방으로 내가 생기더니, 냇가에는 온갖 꽃이 피고, 맑은 물이 부처님의 법문 소리를 내며 흘렀습니다. 참으로 놀라운 일이었습니다. 대중들이 한없는 기쁨을 얻었습니다.

부처님 설법은 열나흘 동안 계속되었습니다. 부처님은 날마다 한 가지씩 신통력을 보여주면서 설법을 하셨습니다.

마지막날 부처님은 허공을 걸으시다가, 물 위를 걸어 다니셨습니다. 손을 벋어 해와 달을 만지셨습니다.

외도의 무리들은 벌써 달아나고 없었습니다. 부처님을 따르는 대중은 기쁨이 넘쳤습니다.

(『한글대장경 94권』 사분률 51권)

화를 내면 복이 줄어든다

"제석은 남을 높이고 화를 내지 않은 공덕으로 도리천 왕이 되었다."
 부처님이 그 말씀을 하시자, 제자들 앞에는 8만 유순 거리의 도리천이 금방 나타났습니다. 도리천의 본궁 선법당은 더욱 크고 아름다웠습니다. 선법당에 있는 화려한 옥좌는 제석이 앉아서 도리천과 사왕천을 다스리는 높고 엄숙한 자리입니다.
 그런데 놀랍게도 키가 서너 뼘밖에 되지 않는 야차 귀신이 앉아 있었습니다. 하늘 사람들이 야차를 꾸짖고 있었습니다.
 "야차야, 넌 분수가 없구나. 거기가 어디라고 앉아 있니?"
 야차는 그 말에 화를 내지 않고, 아무 대답도 없이 있었습니다.
 "왜 말도 없어? 이 나쁜 귀신아? 빨리 내려오지 못해?"
 그래도 야차는 아무 말 않고 조용히만 있었습니다.
 그런데 야차의 키가 조금씩 커지는 것이었습니다. 꾀죄죄하던 몰골이 차츰 사람의 얼굴에 가까워지고 있었습니다.
 "원망과 꾸중을 들어도 야차가 화를 내지 않으니 갚음이 오는 거지."
 부처님 말씀이었습니다.
 원망을 듣고 있는 야차는 차츰 키가 커지고 얼굴이 환해져 제석의 모습에 가까워졌습니다. 멋진 모습이 되었습니다.
 그러던 중 진짜 제석이 나타났습니다. 제석은 야차 앞에 꿇어앉았습니다.
 "야차님. 제가 잠시 자리를 비우는 사이에 야차님께서 제 자리를 지켜주셨군요. 고맙습니다. 이제 제가 돌아왔으니 그 자리를 저에게 내어주시죠."

그러자 야차가 금방 화를 내었습니다. 그의 본성을 드러낸 것이었습니다.

"안 돼! 내가 빼앗은 자리야. 내가 이룬 자리라고. 비켜줄 수 없다."

야차는 자리를 비켜줄 수 없다고 버티면서 화를 내었습니다. 그러자 그만 야차의 키가 작아지는 것이었습니다.

비켜줄 수 없다며 버티니까 야차의 키는 점점 작아져 못나고 추한 본모습이 드러나고 말았습니다. 부처님이 조용히 말씀하셨습니다.

"화를 낸 갚음은 저런 것이다."

(『한글대장경 2-2권』 별역 잡아함경)

3

장애인도 이름난 장수가 될 수 있다

참는 것이 가장 유쾌하다

어느 날, 부처님 십대 제자 중에서도 첫째 제자인 지혜제일 사리불 존자와 밀행제일 라후라 존자가 가사 입고, 발우를 들고 아침 일찍 기원정사에 나섰습니다. 사위성에 들어가 걸식을 하려는 것이었습니다.

이때에 악인이 길가에 서서 두 제자가 걸어가는 광경을 보고 있었습니다.

"흥, 고타마의 첫째 가는 제자가 라후라와 같이 걸식을 하러 가는군."

악인에게 악한 마음이 일어났습니다. 두 사람을 해치고 싶은 생각이었습니다.

악인은 재빨리 사리불의 발우를 빼앗아서 흙과 모래를 담았습니다. 그 바루를 들고 라후라의 머리를 세게 쳤습니다. 흙이 쏟아지고, 라후라의 머리에서 피가 주루룩 흘렀습니다.

그러나 두 제자는 놀라지 않았습니다. 사리불이 라후라에게 말했습니다.

"우리는 부처님 제자예요. 마음에 독을 품지 않도록 하시오."

과연 라후라는 마음의 독을 품지 않았습니다. 자기를 해친 자를 조금도 원망하지 않았습니다. 자비한 마음으로 해친 자를 가엾이 여길 뿐이었습니다.

인욕 즉, 참는 것이 가장 유쾌하며, 지혜로운 자만이 이 계율을 평생토록 범하지 않는다는, 부처님 말씀을 떠올렸기 때문이었습니다.

가까운 내로 가서 라훌라는 피가 흐르는 얼굴을 씻고, 사리불은 악인에게 빼앗겼던 발우를 씻었습니다. 두 사람 아무도 폭력자를 원망하지

> 그래도
> 너무 맞았다

않았습니다.

두 제자는 사위성으로 들어가 걸식으로 공양을 마치고 부처님께로 갔습니다. 부처님은 이미 알고 계셨습니다.

"라후라는 머리에 상처가 크구나."

부처님이 상처를 만져주셨습니다.

"이만한 상처가 났지만 가해자를 조금도 원망하지 않았구나. 참 잘했다."

부처님은 라훌라를 칭찬한 뒤 말씀을 이으셨습니다.

"인욕으로 마음을 다스렸으니, 장하구나. 참음은 고난을 건너는 큰 배다. 참음은 약이다. 참는 자는 소원이 이루어진다."

『한글대장경 제 66권』 나운인욕경)

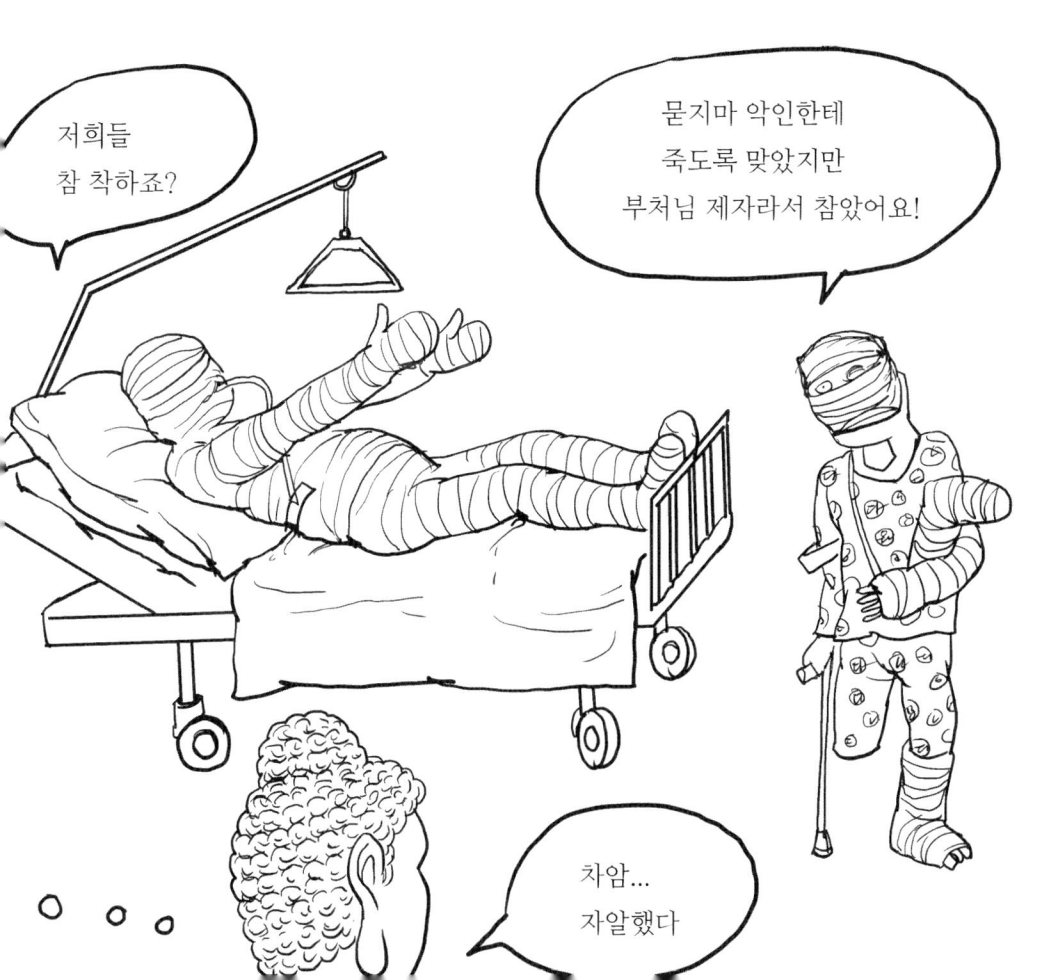

부처님 제자에게 피를 내게 한 죄값

부처님은 제자를 폭행한 자가 가게 될 지옥의 광경을 보여주셨습니다.

목숨을 다한 폭력자는 밤중에 지옥문 앞에 떨어졌습니다. 지옥문을 지키던 옥졸은 키가 거인 같은 나찰귀신이었습니다. 무서운 옥졸이 폭력자의 목덜미를 한 손으로 잡고 지옥문을 열더니, 죄인을 휙 집어던지고는 지옥문을 쾅, 닫으며 말했습니다.

"너는 부처님 제자에게 피를 내게 한 자로구나. 8만 4천 년 동안 이 지옥에서 독으로 고통을 받을 거다!"

이 지옥은 독으로 고통받는 지옥이었습니다. 독을 입으로 마시고, 끓는 독물에 삶기는 형벌이 쉬지 않고 계속됩니다. 하루에 천 번 죽고, 천 번 살아나는 고통이었습니다.

"아이구 아야! 아이구 뜨거 뜨거!"

죄인의 신음 소리가 이어집니다. 부처님 제자에게 피를 내게 한 죄값은 이러했습니다.

하루 이틀에서 시작하여 천 년 만 년이 지나고 팔만 사천 년이 지났습니다. 폭력자는 커다란 구렁이가 되어 지옥문 앞에 떨어졌습니다.

옥졸, 나찰귀신이 나타나 구렁이를 잡더니 구렁이 지옥으로 휙 던지고, 지옥문을 쾅, 닫았습니다.

큰 독구렁이가 된 죄인은 독으로 제 몸을 녹여서 해칩니다. 하루에 천 번 죽고, 천 번 사는 고통이 이어집니다.

민원 접수 완료!

"아이구 아야! 아이구 아파!"

죄인의 신음 소리가 이어집니다. 다시 팔만 사천 년이 지났습니다. 죄인은 전갈의 몸을 받았습니다. 옥졸은 잡아 전갈지옥에 던졌습니다.

"부처님 제자에게 피를 낸 죄값음이다. 여기서 1만 년 동안 모래와 흙만 먹고 살아라!"

죄인이 모래와 흙을 파먹는 전갈이 된 것은 사리불이 가진 발우에 모래와 흙을 담아서 라후라의 머리를 쳤기 때문이었습니다.

(『한글대장경 제66권』나운인욕경)

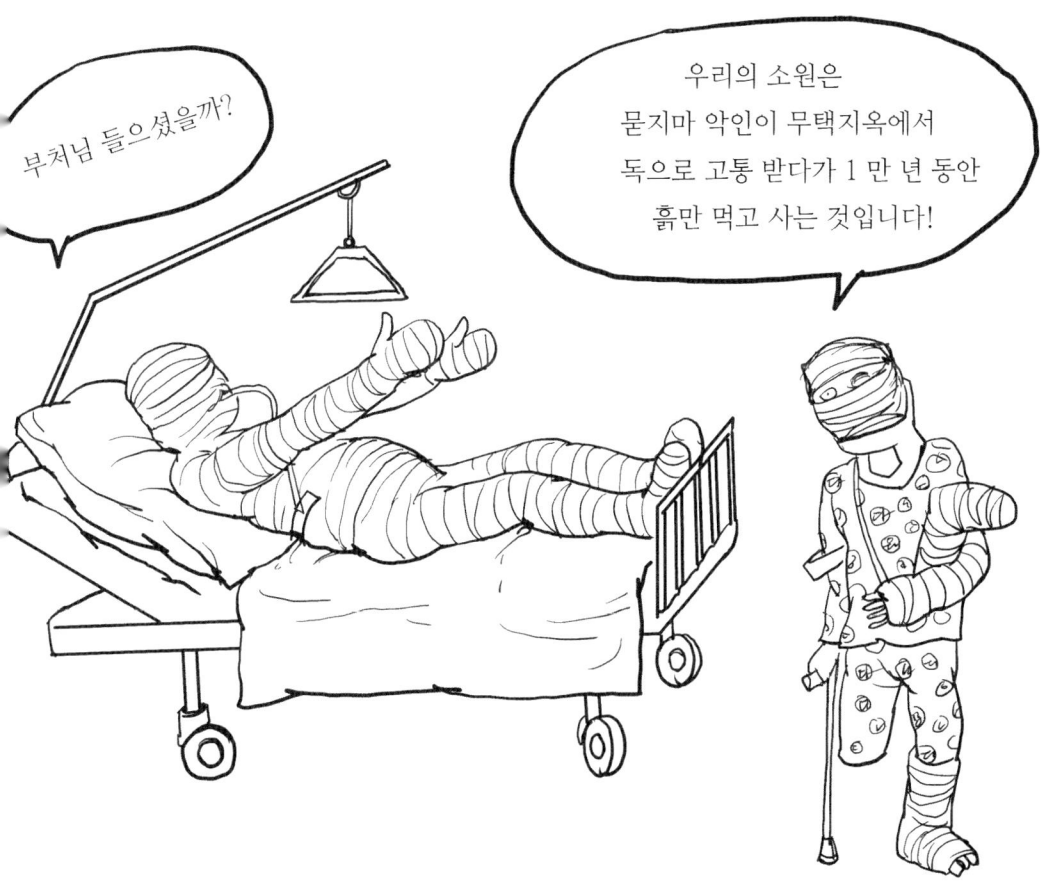

장애인도 이름난 장수가 될 수 있다

허리를 다쳐, 곱추가 된 장애인이 있었습니다. 그러나 그는 그것을 비관하지 않고 포부를 정했습니다.

"나는 나라에 크게 쓰일 장군이 될 거다."

그리고 이름난 스승 밑에서 무술을 배웠습니다.

활쏘기 공부를 많이 해서 스승으로부터 '명사수' 칭호를 받았습니다.

명사수는 생각했습니다.

'장애인 내가, 이 꼴로 왕에게 가서 장군이 되겠다 하면 나를 믿고 채용하지 않을 것이다.'

이렇게 생각한 명사수는 생김새가 훌륭한 사람을 앞세우고 자기는 그 사람을 도와주면서 일하기로 했습니다.

그는, 체격이 좋은 비마세나라는 젊은이를 데리고 서울로 가서 대궐을 찾았습니다. 비마세나는 체격만 훤칠할 뿐, 배운 것과 아는 것이 없는 사람이었습니다.

두 사람이 왕을 만났습니다.

"대왕님, 저는 장군이 되고 싶어서 왔습니다. 무술로서는 저보다 뛰어난 사람이 없는 줄 압니다."

비마세나는 명사수가 시키는 대로 왕에게 말했습니다.

"같이 온 저 허리굽은 이는 누구요?"

"저의 부하입니다. 그도 무술에 재주는 있지요."

"체격이 훌륭하군. 장군을 시켜 주겠소. 저 부하와 같이 근무하도록 하시오."

두 사람은 왕의 군사가 되었습니다. 비마세나는 몇 만 명 군사를 거느리는 장군이 되었고, 명사수는 그 부하로 일하게 되었습니다.

왕이 내린 명령을 명사수가 판단해서 일러주면, 비마세나가 앞서서 처리했습니다.

어느 날 도성에서 가까운 산에 큰 호랑이가 나타나 사람을 해치고 있었습니다. 왕이 비마세나 장군에게 호랑이를 잡으라는 명령을 내렸습니다.

비마세나는 군사를 이끌고 호랑이가 있는 숲을 포위했습니다. 명사수가 호랑이를 쏘아 잡았습니다. 그 때 비마세나 장군은 덤불 밑에 숨어 있다가 풀덩굴 하나를 들고 뛰어나가며, 소리쳤습니다.

"누가 벌써 호랑이를 잡았어? 내가 산 채로 몰고 가서 대왕님께 보여 드리려 했는데!"

명사수가 시키는 대로 한 것이었습니다.

왕은 호랑이를 잡은 비마세나에게 많은 재물을 주어 칭찬했습니다.

비마세나는 이제 왕의 신임을 받게 되었습니다. 그러자 그는 허세를 부리고 거만해졌습니다. 명사수를 스승의 자리에서 물러나게 했습니다.

그런데 얼마 뒤, 이웃나라 임금이 군사를 거느리고 쳐들어왔습니다. 도성을 포위한 다음, 통고를 해 왔습니다.

"나라를 주겠는가, 그렇지 않으면 싸우겠는가?"

"쳐들어올 테면 와 봐라. 우리는 비마세나 장군이 있으니 걱정 없다!"

왕은 엉터리 장군 비마세나를 총사령관에 임명해 싸움터로 내보냈습니다. 비마세나는 코끼리를 타고 앞장을 섰으나 어쩔 바를 몰라 벌벌 떨기만 했습니다.

'명사수를 계속 스승으로 모시고 있을걸, 잘못했어. 이를 어쩌지?'

비마세나는 너무도 적군이 무서워 코끼리 등에서 오줌을 싸고 말았습니다.

그 때 명사수가 나타났습니다.

"허풍을 떨더니 코끼리 등만 버려놓는구나. 가서 목욕이나 하고 누워 있어!"

그는 비마세나를 끌어내린 다음 자신이 코끼리에 올라타고 소리 지르며 적진에 돌진했습니다. 적군은 무너져 뿔뿔이 달아나고 말았습니다. 명사수는 적군을 추격해서 적의 임금을 사로잡았습니다.

전쟁은 승리로 끝났습니다. 왕은 크게 기뻐했습니다. 그리고 왕은 명사수를 못난이 장애인으로 생각했던 것을 크게 뉘우쳤습니다. 다음에 많은 상을 주어 전쟁을 승리로 이끈 명사수를 칭찬했습니다.

그에게 나라의 군사를 모두 맡겨, 대장군을 삼았습니다.

(본생경 80번째 이야기)

무예는 사람을 죽이는 것일 뿐

총리대신의 아들 화호가 탁실라에 가서 무술을 배워 왔습니다.

왕은 화호를 장군으로 임명했습니다. 그러나 다른 관리들은 불평을 했습니다.

"아직 새파란 젊은이를 장군을 시키다니. 그건 불평등한 대왕의 처사다. 정말 그만한 자격이 있는가 그의 무술을 보고 싶다."

신하들이 떠들어대자, 왕이 화호 장군을 불러서 의논했습니다. 왕의 말에 화호는 부탁했습니다.

"대왕님, 지금부터 이레 뒤에 저의 무예를 보여드리겠습니다. 온 나라의 명사수들을 다 모아주십시오."

왕은 북을 쳐서, 도성에 있는 수천 명 사수를 모았습니다.

이레가 되던 날 왕은 신하들을 거느리고 준비된 장소에 나갔습니다.

"지금부터 화호 장군이 무예를 보이겠소."

하고 왕은 군중에게 알렸습니다.

화호는 쇠방망이를 빙글빙글 돌리면서 나타났습니다. 그는 사방 같은 거리에 네 사람의 명사수를 세우고 각각 3만 개의 화살을 나누어 주었습니다.

각 사수마다 화살을 집어 주는 사람을 하나씩 두었습니다.

그리고 그는 그 한가운데에 우뚝 서서 외쳤습니다.

"네 사람의 사수가 나를 향해 그 화살이 다할 때까지 일제히 쏘시오! 나는 이 쇠방망이 하나로 그 12만 개 화살을 받아내겠소."

동서남북 네 방향에서 화살이 일제히 날았습니다. 화호는 쇠방망이 하나로 네 방향에서 오는 화살을 막아 계속 떨어뜨렸습니다.

번갯불보다 몇 배나 빠른 속도였습니다.

　떨어진 화살이 쌓였습니다. 화호는, 화살대는 화살대대로 화살촉은 화살촉대로 나누어 떨어뜨려 차곡차곡 쌓이게 했습니다. 참으로 놀라운 재주였습니다.

　번갯불 사수들이었지만 그 많은 화살을 다 쏘는 데는 상당한 시간이 걸렸습니다.

　드디어 사수의 화살이 모두 동나고 말았습니다.

화호 장군은 화살 무더기 위에서 그 무더기를 무너뜨리지 않고 내려와 왕의 곁에 섰습니다.

사람들은 소리를 치며 일어났습니다. 손뼉을 치고 옷과 영락을 던졌습니다.

왕은 화호 장군에게 물었습니다.

"금방 시범을 보인 무예를 무엇이라 하는가?"

화호 장군은 대답했습니다.

"예, 이것은 '화살 피하기'라 합니다. 대왕님 이 무예를 가진 사람은 이 세상에서 저뿐입니다."

화호 장군은 날이 저물 때까지 여러 무예를 보여주었습니다.

무예를 마치자 왕은 많은 상을 내렸습니다.

화호는 이것을 받아 자기 부하들과 모인 사수들에게 나누어 주었습니다.

왕은 그의 무예에 너무도 감동하여 선언했습니다.

"화호 장군이여, 내일은 이 나라의 모든 군사를 거느리는 대장군으로 삼겠다."

손뼉소리가 울렸습니다. 모두가 왕의 처사가 옳다는 생각을 한 것이었습니다.

화호는 집으로 돌아가 잠을 자다가 일어나 생각했습니다.

"무예는 생명을 죽이기 위한 것이다. 생명을 죽이거나, 욕심을 부리면 지옥에 떨어진다. 나는 대장군의 지위를 두고 집을 나가 숲속에서 수행자의 도리를 배워야 한다."

그는 그길로 밤길을 걸어 고다바리 강가에 있는 카빗타 숲으로 갔습니다. 화호 장군은 머리를 깎고 수행자가 되었습니다.

(본생경 522화 부분)

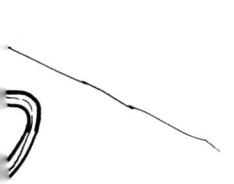

부처님의 백호상

부처님은, 이마의 백호상을 보이며, 이야기하셨습니다.

부처님 아기 때에 아시타 선인이 태자의 백호를 보고, 출가와 성불을 예언했답니다.

그러자 부왕과 이모 대애도 부인은, 예언자의 말대로 태자가 출가할까봐 대궐문에다 소리가 크게 나는 빗장을 지르고, 창마다 수많은 방울을 달았습니다.

자물쇠를 단단히 걸어서 야차 귀신도 뚫을 수 없게 하고, 파수꾼을 두었습니다.

그러던 어느 때, 허공에서 사천왕이 태자의 귀에만 들리는 소리로 말했습니다.

"태자님, 출가할 때가 왔습니다. 내가 궁궐에 들어가서 태자님을 모셔오고 싶지만 소리가 날까 두렵습니다."

이 말을 들은 태자는 손으로 백호, 흰 털을 펴서 사천왕에게 닿게 했습니다. 사천왕은 하늘 비단처럼 부드러운 흰 털길을 걸어서 왕궁으로 들어왔습니다. 그리고 한잠 든 마부 차익을 깨워, 태자의 애마 건척을 몰고 오게 했습니다.

차익이 말했습니다.

"지금 한밤중이어서 발걸음 소리, 말발굽 소리가 크게 들릴 것입니다. 파수꾼이 모두 알아차리면 어쩌죠?"

태자가 백호, 흰 털을 풀었습니다. 차익이 비단결처럼 보드라운 흰 털을 디디고 걸어서 애마 건척을 몰고 오게 했습니다.

차익이 말했습니다.

"태자님, 모든 하늘이 공손히 합장하고, 태자님 출가 공덕을 찬탄하고 있습니다. 어서 말에 오르십시오."

이렇게 하여 왕자는 애마 건척을 타고, 마부 차익과 함께 허공을 걸었습니다. 바스락 소리 없이 궁궐을 벗어날 수 있었대요.

(『한글대장경 72권』 경집부 11 관불삼매해경 관상품)

신통력을 잃은 데바닷다

석가족 청년들과 같이 출가해서 부처님 제자가 되었던 데바닷다는 욕심꾸러기에 말썽꾸러기였습니다. 어느 날부터 신통력을 지니게 되자 더욱 말썽을 피우기 시작했습니다.

"나는 여섯 신통력을 모두 지녔다. 나도 무리를 거느리고 싶다. 나도 '부처님'이라 불려야지."

그는 먼저 마갈타 나라 아사세 왕의 왕자를 꾀어서 자기 편을 만들기로 했습니다. 마갈타 궁전을 찾아가 허공에다 몸을 세웠습니다. 그러자 궁중 사람들이 모두 나와서 허공에 서 있는 수행자를 바라보았습니다. 왕자도 나왔습니다.

데바닷다는 허공에 선 채 설법을 했습니다. 몸뚱이 절반만 나타내어, 설법을 하기도 했습니다. 몸에서 연기를 뿜어내기도 했습니다.

감동을 한 사람들이 데바닷다를 향해 예배를 올렸습니다.

그러던 데바닷다는 금방 아기 모습이 되었습니다. 예쁜 영락으로 몸을 꾸민 아기가 돼, 왕자의 품에 안겼습니다. 왕자는 그 아기가 데바닷다인 것을 몰랐습니다. 왕자는 섬찟, 두려운 생각을 하며 물었습니다.

"그대는 누구인가?"

데바닷다가 모습을 본디대로 되돌리고 말했습니다.

"왕자님은 두려워 마세요. 나는 데바닷다라는 도인입니다."

이렇게 하여 왕자는 데바닷다를 믿고 따르게 되었습니다.

왕자는 여러 대의 수레에 양식을 싣고 가서 데바닷다에게 문안을 올렸습니다. 여러 개 솥을 걸고 공양을 지어 데바닷다와 그 무리들에게 바쳤습니다.

데바닷다는 왕자에게 말했습니다.

"석가모니를 따르면 안 돼요. 이제부터 내가 부처가 될 거요."

왕자는 예예, 하며 데바닷다를 모셨습니다. 빔비사라 왕은 왕자를 타일렀습니다.

"그러다가는 네가 지옥에 떨어지게 될 거다."

그래도 왕자가 말을 듣지 않자, 빔비사라 왕은, 왕자보다 더 많은 양으로 부처님 교단을 돕기로 했습니다.

데바닷다는 빔비사라 왕이 부처님을 돕는 일에 질투를 내고 며칠 밤낮을 자지 못했습니다. 그러자 그만 신통력이 없어지고 말았습니다. 큰일이 난 것입니다.

(『한글대장경』93권 율부4)

팔만대장경,
천 년의 지혜가 담긴 나무책

팔만대장경은 어떤 책일까요?

아주 오래 전, 고려 시대 사람들은 부처님의 가르침을 모두 모은 책을 만들기로 했어요. 그 책이 바로 팔만대장경이에요.

이름 속에 '팔만(八萬)'이라는 숫자가 있는 건, 나무판이 무려 팔만 장이나 되기 때문이랍니다. 이 나무판에 새긴 글씨를 종이에 찍으면, 지금으로 치면 도서관 한가득 불교 책이 만들어지는 거예요.

나라를 지키려는 간절한 마음

팔만대장경은 두 번 만들어졌어요. 첫 번째는 거란이라는 나라가 침략했을 때, 두 번째는 몽골이 쳐들어왔을 때였어요.

나라가 위험할 때 사람들은 "부처님, 제발 나라를 지켜 주세요." 하고

팔만대장경이 보관된 해인사 장경판전 내부

간절히 기도하며 나무판을 깎고 글씨를 새겼어요. 장인들은 글씨 하나를 잘못 새기면 나무판을 새로 깎아 다시 새길 정도로 정성을 다했어요.

과학과 예술의 만남

팔만대장경은 과학과 예술이 만나 완성된 보물이기도 해요.
- 나무 준비하기: 바닷물에 담갔다가 햇볕에 말리고, 또다시 소금물에 담그기를 여러 번! 덕분에 지금도 벌레나 습기에도 끄떡없어요.
- 글씨 새기기: 일정한 굵기와 크기로, 또박또박 정성껏 새긴 글씨는 예술 작품처럼 아름다워요.
- 저장 건물: 해인사 장경판전은 자연 바람과 햇빛으로 온도와 습도를 맞춰, 나무판을 800년이나 잘 지켜 주었어요.

가야산 아래 자리한 해인사 장경판전 전경

세계가 인정한 보물

팔만대장경은 너무 소중해서, 유네스코 세계기록유산으로 지정되었어요. 전 세계 사람들이 "이건 인류 모두의 보물이야!" 하고 인정한 거죠.

지금은 컴퓨터로도 글씨를 볼 수 있게 디지털 작업도 하고 있어서, 세계 어느 나라에 있든 팔만대장경을 만날 수 있답니다.

팔만대장경이 알려 주는 것

팔만대장경은 단순히 옛날 책이 아니에요. 우리에게 많은 것을 가르쳐 줘요.

- 함께하는 힘: 백성들이 힘을 모아 만들어냈어요.
- 정성의 가치: 작은 글씨 하나에도 온 마음을 담았어요.
- 지혜의 빛: "모든 생명을 소중히 여겨라"는 부처님의 가르침이 지금도 빛나고 있어요.

팔만대장경은 지혜의 숲이에요. 천 년 전 사람들의 기도와 노력, 그리고 정성이 담겨 있지요. 우리도 팔만대장경처럼 오래도록 빛나는 마음을 키우며 살아가면 어떨까요?

팔만대장경 퀴즈

Q1. 팔만대장경의 나무판은 몇 장일까요?
① 8,000장 ② 80,000장 ③ 800,000장

Q2. 팔만대장경을 보관한 절은 어디일까요?
① 해인사 ② 불국사 ③ 통도사

Q3. 팔만대장경이 오래도록 잘 보관될 수 있었던 이유는 무엇일까요?
① 특별한 약을 발라서
② 자연 바람과 햇빛으로 습도와 온도를 맞춰서
③ 매일 닦아주어서

Q4. 팔만대장경은 지금 어떤 방식으로도 볼 수 있을까요?
① 컴퓨터와 스마트폰 ② TV 방송 ③ 라디오

정답은 79쪽에 있습니다.

해인사 장경판전 내부

"천 년 뒤에도 이 이야기를 누군가에게 들려줄 수 있겠지요."

출판사 대표의 인사말

어린이들과 함께 완성한 지혜의 숲

사랑하는 어린이 여러분, 그리고 곁에서 함께 걸어 주신 부모님·선생님들께.

10년 전, "팔만대장경의 지혜를 어린이의 눈높이로 전하자"는 작은 마음으로 시작했던 여정이 이제 10권 완간이라는 큰 결실로 이어졌습니다. 이 길을 함께해 주신 모든 분들께 진심으로 감사드립니다.

우리는 매 권마다 한 글자, 한 장면도 소홀히 하지 않기 위해 최선을 다했습니다. 해인사 장경판전의 바람과 햇살, 장인들의 정성과 부처님의 자비와 지혜가 어린이 여러분의 마음에도 닿을 수 있도록 담고자 했습니다. 책을 읽는 동안, 여러분이 그 따뜻한 숨결을 느끼고 스스로의 마음속에 소중히 간직했기를 바랍니다.

이 10권의 책은 단순한 이야기책이 아니라, 어린이와 어른이 함께 배우고 마음을 나누는 지혜의 숲입니다. 책장을 넘기며 "함께 힘을 모으면 무엇이든 이룰 수 있다", "정성과 자비는 세월을 이긴다" 등 부처님의 메시지를 이야기마다에서 느꼈기를 바랍니다.

이제 10여 년에 걸친 출판의 여정은 끝났지만, 이야기는 여기서부터 다시 시작됩니다. 여러분의 일상 속에서, 학교와 가정 속에서, 팔만대장경이 지켜온 지혜와 자비의 씨앗이 조금씩 자라나기를 바랍니다. 그리고 언젠가 여러분이 또 다른 누군가에게 이 이야기를 전하며 새로운 지혜의 숲을 키워 가길 바랍니다.

이 책을 믿고 기다려 주신 독자 여러분, 그리고 끝까지 함께해 주신 모든 분들께 다시 한번 감사드립니다. 이 완간은 여러분 모두의 기쁨이며, 우리 모두가 함께 만든 작품입니다.

2025년 가을
솔바람 대표 동출 합장

정답: Q1 ②, Q2 ①, Q3 ②, Q4 ①

누구나 다 알지만 잘 안읽은 이야기
팔만대장경 ➓

All rights reserved.
All the contents in this book are protected by copyright law.
Unlawful use and copy of these are strictly prohibited.
Any of questions regarding above matter, need to contact nanoky@naver.com

이 책에 수록된 모든 콘텐츠는 저작권법에 의해 보호받는 저작물이므로 무단전재와 무단복제를 금합니다.
nanoky@naver.com 으로 문의하기 바랍니다.

펴낸 곳 | 도서출판 솔바람
펴낸이 | 이동출
기획한이 | 형난옥
엮은이 | 신현득
그림그린이 | 송교성
사진 | 박해진
편집 | 김용란
디자인 | 김보미
초판 1쇄 인쇄 | 2025년 11월 1일
초판 1쇄 발행 | 2025년 11월 8일
등록일 | 제5-191호 1989.07.04
주소 | 서울시 종로구 삼봉로 81 두산위브 파빌리온 1231호
전화 | 02- 720- 0824 팩스 | 02- 391- 1598

ISBN 978-89-85760-15-7
ISBN 978-89-85760-90-4   74220 (세트)